AF336363

AUX ÉLECTEURS

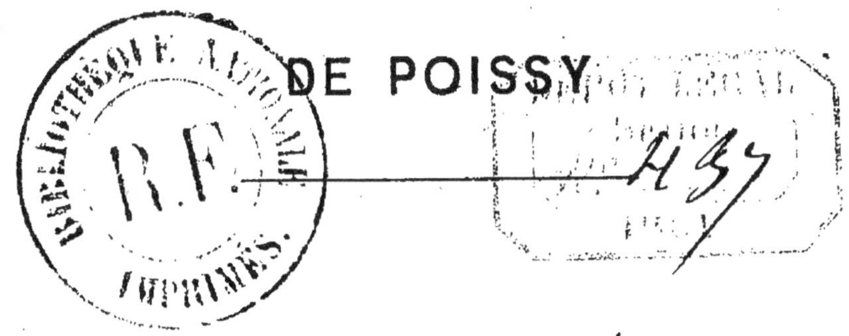

DE POISSY

MES CHERS CONCITOYENS,

Beaucoup d'entre nous, animés de vrais senti-ments républicains et pensant qu'il est bon d'agir dans un accord complet, ont voulu constituer un Comité républicain et, dans ce but, ils ont rédigé un projet de règlement ainsi conçu :

Projet de règlement pour le Comité républicain de Poissy.

ARTICLE 1er. — Le Comité républicain de Poissy a pour but de créer entre les électeurs républicains de la commune, une entente au sujet des diverses élections qui peuvent se présenter, soit pour la Chambre des députés, soit pour le Conseil général, soit pour le Conseil d'arrondissement, soit pour le Conseil municipal.

Art. 2. — Le Comité se compose de tous les électeurs de Poissy, qui déclarent donner leur adhésion au Gouvernement républicain, et demandent à faire partie du Comité.

Art. 3. — Il est représenté par un bureau composé de 15 membres. Ces délégués sont nommés par le Comité pour un an; ils sont rééligibles.

Art. 4. — Le Comité général se réunit au moins une fois par an, au mois de mai, pour l'élection du bureau, et toutes les fois que le bureau le juge utile.

Art. 5. — Le bureau choisit dans son sein un président, un vice-président et un secrétaire. Il se réunit toutes les fois qu'il le juge à propos.

Art. 6. — Le bureau, avant chaque élection, s'informe des candidats, les entend, propose aux électeurs ceux qui lui paraissent les plus aptes à concourir à la prospérité de la République, et soutient la candidature de ceux qu'il a adoptés.

Il n'admet que des candidats d'une parfaite honorabilité qui, soit par des actes de notoriété publique, soit par leurs déclarations, se présentent avec l'intention formelle de soutenir et de défendre la République.

Art. 7. — Aucun mandat impératif ne peut être imposé aux Candidats, cette sorte de mandat étant non seulement une atteinte à la liberté, mais aussi la négation absolue de toute étude approfondie des affaires et des questions, selon les besoins et les circonstances.

Art. 8. — Le bureau peut, soit dans ses réunions, soit dans les réunions du Comité général, inviter telle personne qu'il juge à propos, pour s'éclairer ou éclairer les électeurs.

Il entretient des relations avec le Député de la circonscription, le Conseiller général, le Conseiller d'arrondissement tant que ces mandataires sont en communauté d'idées avec lui, les invite au besoin à ses réunions.

Dispositions transitoires.

Art. 9. — Le bureau est invité à réclamer le concours du Député, du Conseiller général et du Conseiller d'arrondissement pour l'organisation

dans toutes les communes du canton d'un Comité
semblable au Comité de Poissy.

ART. 10. — Au fur et à mesure que ces Comités
seront constitués, le bureau de Poissy se mettra en
rapport avec les bureaux qui seront nommés dans
les autres communes pour l'organisation d'un
bureau cantonal, composé d'un nombre de délégués
proportionnel aux membres de chaque Comité.

Qui peut dire que ce projet n'est pas rédigé par
des hommes d'une entière sincérité et qu'il n'est
pas essentiellement républicain ? Quels termes peuvent l'affirmer plus nettement que ceux qui se trou-
vent dans les articles 2 et 6 :

*Le Comité se compose de tous les électeurs qui décla-
rent donner leur adhésion au gouvernement républicain.*

*Le bureau ne soutiendra que ceux qui lui paraissent
les plus aptes à concourir à la prospérité de la République.*

*Il n'admettra que ceux qui se présenteront avec l'in-
tention formelle de défendre et de soutenir la République.*

Puis, n'est-on pas frappé du désir d'être éclairé

sur toutes les questions, qui se fait sentir par ces termes de l'article 8 :

Le bureau peut inviter telle personne qu'il jugera à propos pour l'éclairer ou éclairer les électeurs?

Et le besoin d'accord n'est-il pas bien manifesté par ceux-ci du même article :

Il entretiendra des relations avec le Député, le Conseiller général et le Conseiller d'arrondissement?

Enfin peut-on présenter un projet plus large, laissant plus grandement ouverte la porte à la libre discussion, la seule, mes chers concitoyens, qui fasse la lumière et amène la conviction raisonnée, que ce projet qui déclare *qu'aucun mandat impératif ne sera imposé?*

Le mandat impératif!.... Mais on l'a dit: *C'est l'atteinte à la liberté, c'est la négation absolue de toute étude approfondie des affaires.*

Oui ou non, est-ce pour discuter vos affaires et les discuter librement et consciencieusement que vous envoyez vos mandataires dans les assemblées ?

Si c'est pour cette libre et consciencieuse discussion, pourquoi donc voudriez-vous mettre au cou de vos représentants cette étiquette du mandat impératif, qui condamne ceux qui l'acceptent à s'obstiner dans une opinion faite d'avance, sans modification possible, sans admettre rien de bon chez les autres, qui fait en un mot qu'on se bouche les oreilles et les yeux pour ne comprendre aucune raison, pour ne voir aucune lumière ?

Électeurs ! gardez-vous d'envoyer à la Chambre et dans les Conseils des représentants ainsi enchaînés !

Non ! point de mandats impératifs !

Un seul cependant, qu'il faut qu'on ait bien dans l'âme : celui du dévouement à la République.

Ah ! celui-là, nous le revendiquons en disant hautement *que nul ne sera des nôtres, s'il ne déclare formellement l'accepter.*

Vous avez tous reçu le projet du Comité ; près de 450 d'entre vous, donnant leur adhésion au gouvernement républicain, sont venus s'inscrire. Qu'ils en soient loués !

Le mercredi 8 septembre, ainsi que vous en aviez été prévenus, l'assemblée générale de tous les adhérents a eu lieu. Le projet de règlement du Comité a été discuté et adopté, il est devenu son programme, et régulièrement, par un vote sincère, les délégués ont été choisis.

Faisant ainsi acte de vrais républicains, agissant suivant les vues de notre député lui-même, affirmant notre volonté d'être en relation constante avec lui et de réclamer son concours, nous avons cru, dans notre sincérité, que le journal qui passait pour être son organe rendrait compte, sur notre demande, de notre formation et de notre programme, c'était le premier émané d'un groupe. Il devait contribuer à entraîner les citoyens.

Le journal s'est tu ; pas une ligne sur nous, et quelque temps après, des hommes qui sans raison avaient refusé de se rendre à l'appel loyal fait au nom de la République à tous les habitants de Poissy, ont formé un parti, comme s'il devait y en avoir parmi nous. Quel était leur mobile ? Ce n'était pas à coup sûr le sentiment de l'intérêt général.

Si ce sentiment les animait, ils devaient venir pour concourir à la formation du Comité.

Pourquoi ne l'ont-ils pas fait ? Est-ce qu'on n'appelait pas indistinctement tous les citoyens ? Est-ce

qu'on ne les appelait pas au nom de la République?
Est-ce que le projet que l'on présentait était indiscutable et sans modification possible?

Puisqu'ils sont républicains à ce point qu'ils prétendent avoir le monopole de la République, je redis qu'ils devaient venir. Ils auraient alors, devant tous, discuté le projet et ses articles. S'ils avaient été capables d'y ajouter des dispositions meilleures, on les eût ajoutées ; s'ils avaient pu en signaler de mauvaises, on les eût supprimées ; enfin, s'ils avaient pu convaincre qu'ils étaient ceux qu'on devait choisir pour être délégués, on les eût choisis.

Mais non, refusant de se rendre à l'appel cordial qui était fait, ils ont voulu se séparer, ils ont fait un camp à part dont ils gardent l'entrée, et, quand le Comité a été constitué loyalement, au nom de la République, ils ont voulu en former un autre. C'est la discorde qu'ils ont introduite.

Ils disent à présent qu'ils ont aussi convoqué tous les électeurs ; mais s'ils ont effectivement envoyé des lettres à chacun de vous, ils savent bien que ce n'était que pour sauver les apparences, car, en vérité, pensaient-ils que ceux qui venaient de constituer avant eux un Comité étaient de tels gens qu'on pût, quelques jours après, leur demander de renier l'œuvre qu'ils venaient de faire librement et spontanément. M. Peyre a dit qu'il avait lui-même mis mon adresse sur une convocation. Vraiment, c'est bien de l'honneur qu'il me faisait! à moi, qui venais d'être nommé Président! Je dois lui savoir grand gré qu'il ait pu avoir de moi cette pensée, que j'allais abandonner le drapeau qu'on venait de mettre en mes mains.

Non! c'est nous qui avons les premiers fait un loyal appel à tous!

C'est nous qui revendiquons cet honneur et personne ne peut nous l'ôter, pas même *le Libéral*, qui, après n'avoir pas voulu insérer notre programme et dire que nous venions de nous constituer, s'est mis à la dévotion de nos adversaires et n'a pas craint d'insérer les paroles de M. Boy-Tetard disant que notre comité n'était pas républicain, quand son président, celui même que M. Albert Joly avait prié de constituer et de présider le comité de l'élection législative du 14 octobre 1877, était bien connu pour avoir autant que personne contribué à cette élection en combattant le 16 *mai!*

Jugez ce que sont de pareils procédés, mes chers concitoyens.

J'ai accepté la présidence d'un comité que la même pensée anime, que le même dévouement fera agir. Nous sommes tous républicains, tous républicains libéraux et appelant à nous ceux qui veulent le devenir aussi. Nous ne voulons pas être un parti dans la République, une espèce de secte étroite et méfiante, disant à ceux qui voudraient venir à nous : « Vous n'entrerez pas, car vos opinions « d'hier n'étaient pas celles d'aujourd'hui; c'est « un crime de n'avoir pas été convaincu dès l'en- « fance que le gouvernement républicain est le « seul possible, et c'est un crime sans pardon! » Non, je le répète, nous ne sommes pas ainsi, nous refusons de l'être et c'est notre joie d'accueillir tous ceux qui viennent à nous, sans douter de leur bonne foi. Qui pourrait d'ailleurs s'arroger ce droit... non seulement de ne pas croire, mais encore de suspecter les intentions, même quand les faits les démentent ?

Je ne veux reconnaître ce droit à personne, et, ma parole étant pour moi chose sacrée comme pour tout honnête homme, je crois à celle des autres sans en soupçonner la sincérité.

Des feuilles volantes que je ne veux pas qualifier, auxquelles il serait facile de répondre si on devait leur faire cet honneur, prétendent en vain tout remettre en doute; votre bon sens en fera justice.

Croyez-moi, mes chers concitoyens, quand, désintéressé, n'ayant en vue que votre bien, je vous parle ici dans votre intérêt seul.

Prenez garde à ceux qui sèment le soupçon pour récolter la discorde, au lieu de vouloir comme nous la République par l'union, et les efforts combinés de tous les citoyens, n'ayant qu'un but permanent : l'amélioration progressive dans tous les sens et de tous les côtés.

Oui! pour les autres comme pour nous, nous voulons la liberté comme nous voulons la lumière!

Ainsi, au nom de la liberté *politique*, nous vous appelons, vous, républicains de vieille date, et vous républicains nouveaux!

Au nom de la liberté encore, nous disons : que ceux qui veulent croire et prier le fassent ! que ceux qui ne le veulent pas soient libres aussi ! Nous n'avons pas à savoir qui va à l'église, au temple, à la synagogue ou qui ne va nulle part ; ce qui nous importe, c'est qu'on soit tout à la France et à la République.

C'est dans cette pensée que les délégués du Comité républicain ont choisi des candidats, tous animés de ce même esprit politique duquel ils ne s'écarteront pas, et tous décidés à se consacrer avec dévouement aux intérêts de la commune, voulant son agrandissement qui fera sa prospérité future.

Il faut que ce pays charmant profite de sa position pour ainsi dire exceptionnelle.

Desservi par deux chemins de fer, au bord de la rivière, et l'on peut presque dire de son plus joli bord, à la porte d'une forêt, son parc naturel, il faut que de jour, en jour, son accroissement se fasse, si bien qu'on ne puisse pas regarder comme un rêve de voir un jour la ville, non seulement étendue sur la rive qu'elle occupe, mais s'étendant sur l'autre, pour que, dans l'avenir, le fleuve la traverse au lieu de la côtoyer.

Ah! nous ne voulons pas dire que si vous nous nommez conseiller, nous allons le faire tout de suite. Nous voulons seulement dire qu'en considérant ce commencement de mouvement qui se fait, le nombre de nouvelles maisons qui se construisent, le nombre des étrangers qui, venant ou passant, s'arrêtent et deviennent nos concitoyens, on peut penser que cet avenir n'est pas si éloigné que nos petits-enfants ne le puissent voir.

Non, sans vouloir aller si vite, nous nous contenterons de préparer cet avenir avec intelligence, en améliorant d'abord l'état présent, en assainissant nos rues, en les rectifiant et, si nous le pouvons, en en perçant d'autres nécessaires.

Mais quelle que soit notre préoccupation pour ces intérêts matériels, notre préoccupation dominante sera, n'en doutez pas, l'instruction de nos enfants. Nous voulons qu'elle puisse être donnée aussi complète, aussi libérale, aussi conforme à l'esprit de la République que possible.

Maintenant, mes chers concitoyens, si je suis

en tête de la liste des candidats qui vous sont présentés par la délégation du comité républicain, c’est parce que vos délégués ont voulu garder des conseillers sortants et commencer la liste par leurs noms, suivant l’ordre du tableau.

J’ai accepté résolument qu’il en fût ainsi, parce que je ne suis sur cette liste que par dévouement, parce que, depuis 35 ans que je suis votre concitoyen, je n’ai cessé de penser aux intérêts de la ville. J’y suis venu, par hasard, comme ceux dont je parlais tout à l’heure, sans penser à y rester; j’ai acheté d’abord une toute petite maison, un petit pied-à-terre. J’y suis resté et j’ai construit ma maison pour ma vie, j’ai construit celle de mes enfants, et pour ne jamais quitter ce pays, j’y ai préparé celle où l’on se repose toujours.

Mon travail, que j’aime avec passion, m’a donné plus de satisfaction, plus d’honneurs même qu’un homme n’en pourrait souhaiter, et je l’aime à ce point que l’interrompre est presque une souffrance. Cependant je n’ai jamais hésité à le faire pour la chose publique, comme c’est notre devoir à tous. Le siège de Paris m’a vu à mon poste, et dans notre pays délivré de l'ennemi et s'occupant de sa reconstitution politique, quand il a fallu soutenir dans nos campagnes la candidature d'Albert Joly, notre député regretté, vous savez combien je l'ai appuyée, malgré ce qu'on voudrait insinuer et vous faire croire aujourd'hui. Vous me connaissez, vous devez savoir que c'est un honnête homme qui vous parle, qui vous présente d'honnêtes gens comme lui : ayez donc confiance en lui et acceptez-les ; vous n'aurez pas à vous en repentir. Il vous adjure de le faire au nom de vos intérêts les plus chers, au nom de la République que nous aimons et que nous jurons de servir de toute notre âme et de toutes nos forces.

E. MEISSONIER
Membre de l'Institut.

Paris. — Imp. Gauthier-Villars, 55, quai des Grands-Augustins.

www.ingramcontent.com/pod-product-compliance
Lightning Source LLC
LaVergne TN
LVHW010116060726
842524LV00006B/2564